ÉTABLISSEMENT THERMAL

DE

BAGNOLES-DE-L'ORNE

Alençon. — Typ. Ch. Thomas.

ÉTABLISSEMENT THERMAL
DE
BAGNOLES-DE-L'ORNE

Chemin de fer de Paris à Granville avec embranchement à Briouze pour la Ferté-Macé.

Un chemin de fer projeté passant par Bagnoles reliera bientôt la Normandie et la Bretagne.

Bagnolenses invenit fontes.

ALENÇON
Typ. Ch. Thomas, rue du Collége, 8 et 10.

1872

ÉTABLISSEMENT THERMAL

DE

BAGNOLES-DE-L'ORNE

Bagnoles-de-l'Orne est la seule station hydro-thermale que possède la région nord-ouest de la France.

L'Etablissement est situé dans le département de l'Orne, près de la ville industrielle de La Ferté-Macé, sur les confins de la Basse-Normandie, de la Bretagne et du Maine, dans le pays du Bocage connu sous le nom de **Suisse-Normande**, à cause de la beauté pittoresque des sites.

Il touche aux vastes et belles forêts domaniales des Andaines et de La Ferté-Macé, où touristes et baigneurs trouvent le repos, la solitude, et un abri salutaire contre les ardeurs du soleil d'été, à l'ombre parfumée des noires futaies de pins : les arbres résineux, en effet, forment une importante partie de ces bois, et chacun connaît l'action bienfaisante et réparatrice de leurs émanations balsamiques.

Ces Thermes sont fort anciens : des chroniqueurs prétendent qu'ils furent connus des Romains, ce qui nous paraît fort douteux, malgré le nom de Bagnoles qui semble dériver de la langue latine. Mais ce que l'on sait bien, c'est que la belle

Marguerite, reine de Navarre, duchesse d'Alençon, aimait à y amener sa cour, ses pages et ses poètes. En ce temps-là Bagnoles était la fontaine de Jouvence où les grandes dames venaient rajeunir leur beauté et demander à cette eau miraculeuse la souplesse et le velouté de la peau qu'elle seule sait donner.

Tout le système balnéaire de l'Etablissement est exclusivement alimenté par la source **Chlorurée-sodique, sulfatée, arsenicale,** dite **Grande-Source**.

Les cabinets de bains sont confortables et bien entretenus; un certain nombre de baignoires sont armées de douches; et l'Etablissement possède en outre un arsenal hydrothérapique complet, qui occupe un bâtiment spécial, et où l'on trouve tous les procédés d'hydriatrie employés jusqu'à ce jour, depuis la douche simple jusqu'aux bains russes : douches de toute espèce et à toutes les températures, bains de siége à eau courante, caisses à sudations, bains de vapeur simples ou aromatiques, etc.

Ajoutons à ce qui précède deux belles piscines à eau courante : l'une, pour les enfants; l'autre, vaste et profonde, la plus grande de France, où les baigneurs de tout âge peuvent se livrer librement à l'exercice si salutaire de la natation.

Ce dernier mode de traitement est celui qui nous réussit le mieux pour la cure des affections si fréquentes chez les jeunes filles et les jeunes femmes.

Les Eaux de Bagnoles-de-l'Orne représentent deux espèces de sources :

1° Des sources tièdes (27° cent.);

Chlorurées-sodiques, sulfatées, légèrement arsenicales;

2° Des sources froides (12° cent.);

Ferro-manganésiennes-crénatées-arsenicales.

(Analyse de M. O. HENRY, 1869.)

Ces dernières ne s'utilisent qu'en boisson.

Les **sources-chlorurées-sodiques sulfatées**, constituant le cachet caractéristique de la médication dans cette station thermale, sont celles qui doivent tout d'abord nous occuper.

Propriétés physiques. — L'eau est claire et limpide avec reflets azurés ; froissée entre les doigts, elle paraît douce et onctueuse ; sa saveur presque nulle permet de la boire sans répugnance, et bien des malades en boivent sans s'en douter, soit au repas, soit dans leurs chambres : son odeur est également peu sensible : cependant, dans les grands réservoirs fermés, on perçoit une légère odeur sulfureuse qui rappelle un peu celle des œufs couvés.

Sa température varie entre 25 et 27° cent.

La source principale, désignée sous le nom de **Grande-Source**, est d'un débit d'environ 22 à 24,000 litres à l'heure. On remarque sur son parcours beaucoup de conferves avec des filaments de sulfuraire, et dans ses bassins un dépôt accusé de résidus barégineux.

Il existe plusieurs sources analogues qui ne sont pas utilisées ; jusqu'à ce jour la Grande-Source a suffi seule à tous les besoins.

Propriétés physiologiques. — En hydrologie, comme en beaucoup de matières, il n'est pas toujours possible de se rendre un compte exact du **modus faciendi** de ce qui se passe sous les yeux de l'observateur ; on constate les faits sans les expliquer, et l'observation clinique devient alors l'unique base de la conduite du médecin.

L'usage **intus et extra** des *Eaux de Bagnoles* active légèrement la circulation, modifie favorablement l'enveloppe cutanée. qui devient souple et douce au toucher, réveille l'énergie musculaire, rend les membres plus dispos, et procure à l'individu tout entier un sentiment inaccoutumé de bien-être et de force.

L'appétit est toujours augmenté.

La sécrétion urinaire devient plus abondante, et les fonctions de la digestion, souvent troublées au début, ne tardent pas à reprendre un cours normal et régulier.

En résumé, l'action des *Eaux minéro-thermales de Bagnoles-de-l'Orne* est essentiellement tonique ; sous son influence, il s'opère un **remontement général ;** l'organisme tout entier acquiert une vitalité plus grande, et partant devient plus apte à repousser ou à éliminer les principes morbides. Cette **propriété reconstituante** est si vraie, que ces eaux réussissent beaucoup mieux aux personnes faibles et lymphatiques qu'aux personnes fortes et sanguines ; ces dernières les supportent même difficilement.

Propriétés thérapeutiques. — Les maladies pour lesquelles on prescrit avec le plus de succès les *Eaux de Bagnoles* sont nombreuses et variées, comme du reste peuvent le faire pressentir la minéralisation complexe des sources, les moyens hydrothérapiques dont l'Etablissement dispose, et l'influence du climat et des agents extérieurs.

Nous ne pouvons entrer ici dans de longs détails sur les propriétés curatives des eaux; nous basant sur le résultat consciencieux de nos observations personnelles et sur les travaux de nos prédécesseurs, nous tâcherons cependant d'indiquer succinctement les principaux groupes de maladies qui composent leurs **spécialités thérapeutiques**.

1° Dyspepsies, — Diarrhée et dyssenterie chroniques.

La première et la plus importante des propriétés curatives des *Eaux chlorurées-sodiques sulfatées de Bagnoles-de-l'Orne*, celle qui constitue leur vraie **spécialisation thérapeutique**, est leur efficacité incontestable dans le traitement de la plupart des **maladies fonctionnelles de l'appareil digestif**, comprenant les variétés si nombreuses et si diverses des **dyspepsies**, primitives ou secondaires, essentielles ou symptomatiques, affections extrêmement fréquentes, se développant dans toutes les conditions sociales sous l'influence des causes physiques et morales les plus communes et les plus générales.

Les eaux conviennent tout d'abord aux dyspepsies essentielles, atoniques et flatulentes, puis aux dyspepsies nerveuses simples, primitives ou secondaires, enfin, à certaines dyspepsies secondaires, surtout celles symptomatiques des diathèses rhumatismales, scrofuleuses ou herpétiques, et celles encore symptomatiques des engorgements des organes et des viscères abdominaux.

Elles n'agissent pas sur les organes de la digestion à la manière des eaux gazeuses de **Saint-Galmier** ou de **Condillac,** dont l'action, directement effective, n'est que passagère : elles guérissent parce qu'elles exercent sur l'ensemble de l'appareil digestif une influence topique, essentiellement médicamenteuse et dynamique ; elles stimulent et tonifient le tube digestif tout entier, réveillent l'appétit et rétablissent la normalité des sécrétions nécessaires à l'accomplissement des actes de la digestion.

Parmi les maladies de l'appareil digestif tributaires des *Eaux de Bagnoles*, nous citerons encore les **diarrhées** et les **dyssenteries chroniques,** et, en général, les hypersécrétions intestinales.

Nous signalons donc d'une façon toute particulière au monde médical la spécialisation thérapeutique des *Eaux minérothermales de Bagnoles-de-l'Orne* dans le traitement des maladies fonctionnelles de l'appareil digestif.

2º Affections rhumatismales et goutteuses. — Névralgies et paralysies rhumatismales. — Sciatique, raideurs articulaires. — Maladies de la peau.

Après les affections dyspeptiques viennent les affections rhumatismales et goutteuses, et les affections cutanées.

Ces deux espèces de maladies, qui forment deux groupes nosologiques très-importants, sont souvent très-intimement liées, et il n'est pas rare de les constater chez le même sujet.

Depuis la découverte des sources de Bagnoles, on y guérit, selon une expression légendaire, des **paralytiques** et des **lépreux,** et même les eaux ne furent utilisées pendant longtemps que contre ces deux sortes d'affections.

Leur réputation fut grande, et les cures si merveilleuses, qu'elles devinrent le domaine de la légende. Ainsi, on raconte qu'un vieux père capucin, arrivé paralytique à Bagnoles, fit vœu de franchir d'un seul bond, s'il recouvrait l'usage de ses jambes, l'espace qui sépare deux aiguilles de rochers qui dominent l'Etablissement des bains. Après quelques semaines de séjour, le capucin put exécuter sa promesse, et le nom de **Saut-du-Capucin** a été donné à ces rochers pour perpétuer la mémoire de ce fait, aussi héroïque qu'encourageant.

Le nombre de rhumatisants traités chaque année dans nos Thermes est considérable. et nous devons ajouter, en conscience, que la plupart partent guéris ou sensiblement améliorés.

Les tempéraments mous et lymphatiques trouvent en général un traitement mieux approprié et plus opportun que les tempéraments sanguins.

Les rhumatismes accidentels, musculaires, articulaires ou nerveux, guérissent vite et radicalement, surtout ceux à formes névralgiques ou paralytiques. Les rhumatismes diathésiques et goutteux, les rhumatismes avec nodosités péri-articulaires ne sont, au contraire, qu'atténués ; mais nous pouvons affirmer. par des observations suivies avec soin, que sous l'influence thérapeutique des eaux les manifestations rhumatismales ou goutteuses perdent habituellement de leur intensité, et souvent même disparaissent pendant un temps plus ou moins long.

Nous connaissons des goutteux qui fréquentent Bagnoles depuis plus de quinze ans et qui, chaque année, viennent faire provision de santé, si je puis me servir de leur expression ; ils reconnaissent qu'après une saison thermale les crises goutteuses ou rhumatismales sont moins fréquentes, moins douloureuses et de moins longue durée.

La **gravelle**, compagnon ordinaire de la goutte, se trouve bien également de l'usage des *Eaux de Bagnoles* : la sécrétion rénale étant considérablement augmentée, l'appareil urinaire tout entier subit un lavage salutaire.

Nous l'avons déjà dit, Bagnoles jouit, depuis longtemps, d'une réputation et d'une vogue parfaitement justifiées dans le traitement des maladies de la peau : les **dermatoses humides,** telles que l'**eczéma,** l'**impétigo,** l'**herpès,** et quelques **dermatoses à formes squamneuses,** telles que le **psoriasis,** trouvent souvent à Bagnoles une médication héroïque.

Nous regrettons que l'exiguité de cette notice ne nous permette pas d'y insérer quelques observations tout à fait probantes. Il suffit du reste, pour s'en rendre compte, de se rappeler que les modificateurs les plus puissants de l'enveloppe cutanée sont les sels alcalins, le soufre et l'arsenic. Or, ces eaux sont tout à la fois **alcalines, sulfureuses et arsenicales,** et cela dans des proportions si bien combinées, qu'elles ramènent graduellement et souvent sans crise la vitalité des tissus à leurs conditions normales.

Nous croyons aussi que ce sont les éléments minéralisateurs que nous venons de citer, unis à une certaine quantité de **lithine,** qui rendent les eaux de Bagnoles si précieuses dans le traitement des affections rhumatismales et goutteuses : ajoutez à cela les ressources balnéothérapiques dont dispose l'Etablissement.

Lymphatisme et scrofule. — Un des faits les mieux avérés de la thérapeutique thermale est l'action des eaux **chlorurées-sodiques** dans le traitement de la scrofule et du lymphatisme. Sur ce point les médecins sont unanimes. Bagnoles est donc, par sa constitution minérale, particulièrement recommandable pour la cure de cette désastreuse et trop commune maladie.

Par leurs éléments **chlorurés-sodiques et sulfurés,** les eaux possèdent à un haut degré la propriété de modifier dans un sens favorable les constitutions **lymphatiques et scrofuleuses,** et de résoudre les manifestations diathésiques les plus profondes et les plus considérables. Les résultats de la pratique et de l'observation ont pleinement justifié les déductions thérapeutiques tirées de l'analyse des eaux. Souvent, lorsque les indications le permettent ou le demandent, nous associons aux eaux chlorurées-sodiques les eaux ferrugineuses, si heureusement placées à côté des sources thermales. Le fer est presque toujours un adjuvant précieux chez les jeunes filles qui touchent à la puberté.

En présence des heureux résultats que nous enregistrons chaque année, nous ne pouvons nous défendre de faire un loyal et patriotique appel aux médecins français, afin qu'ils détournent leurs malades du déplorable engouement qui leur fait rechercher bien loin, principalement en Allemagne, ce qu'ils ont le plus souvent à leur porte : ainsi pour le traitement de l'affection qui nous occupe, nous étions volontairement les tributaires de l'étranger ; on allait à l'envi et à grands frais demander aux eaux de Nauheim, Kreuznach, Kissengen, Soden. Aix-la-Chapelle, Baden-Baden, Hombourg, ce que l'on eût trouvé à Uriage, Salins, Balarue, Bagnoles-de-l'Orne, et dans vingt autres stations françaises que nous pourrions nommer.

Bagnoles, par la minéralisation complexe de ses sources, peut remplacer la plupart des stations allemandes que nous venons de citer, particulièrement dans la cure des maladies scrofuleuses.

On nous objectera sans doute que Kreuznach, Nauheim, Hombourg, etc., dépassent en minéralisation les sources de Bagnoles-de-l'Orne ; mais il est démontré qu'une fois une certaine proportion de minéralisation atteinte, il ne faut pas toujours juger du degré d'efficacité des eaux minérales par le chiffre de leur analyse.

Maladies chirurgicales. — Les caries osseuses, les fistules, les ulcères atoniques et les plaies par armes à feu, sont encore du ressort des *Eaux de Bagnoles*.

Cette médication, que se partagent habituellement les *eaux chlorurées-sodiques* et les *eaux sulfurées*, trouve ici une appropriation toute spéciale par la réunion de ces deux principes médicamenteux ; aussi Bagnoles est-il justement estimé pour la cure des maladies chirurgicales.

Il nous a été donné, pendant la dernière guerre, d'en étudier et d'en apprécier les heureux effets sur un grand nombre de blessés de l'armée de la Loire évacués sur l'ambulance confiée à nos soins. Ceux qui avaient eu les pieds gelés doivent surtout se féliciter d'être venus à Bagnoles, car tous ont été merveilleusement guéris, avec une perte de substance souvent insignifiante, vu la gravité des lésions.

Voici les effets physiologiques que nous avons observés : dès les premiers jours, des modifications se laissent apercevoir sur les parties malades : les engorgements s'amoindrissent, les chairs prennent une teinte meilleure, et la suppuration devient parfois plus abondante, mais toujours de meilleure nature. Les fragments osseux nécrosés s'éliminent petit à petit, les bourgeons charnus se multiplient, et le travail de réparation s'effectue plus ou moins rapidement, pour aboutir à une cicatrisation complète.

Ce que nous venons de dire de l'action des eaux sur la congélation et sur les plaies par armes à feu s'applique parfaitement aux plaies et lésions osseuses dépendant de la diathèse scrofuleuse. Il semble, dans ce cas, que le contact de l'eau sur les surfaces dénudées ait une vertu toute particulière, et que l'action résolutive et réparatrice, au lieu de s'opérer du dedans au dehors et par le chemin le plus long, comme dans les engorgements simples, s'opère ici du dehors au dedans et par une voie directe.

3° Pléthore abdominale; — Pléthore veineuse consécutive à l'accouchement; — Engorgement des organes et viscères abdominaux.

Nous devons signaler encore l'appropriation particulière des *Eaux de Bagnoles-de-l'Orne* au traitement de la pléthore abdominale, de la pléthore veineuse consécutive à l'accouchement, et en général des engorgements veineux de l'utérus, du foie et des viscères abdominaux.

Leur action physiologique sur la circulation abdominale est si prononcée qu'elle mériterait peut-être d'être rangée dans la spécialisation dominante de cette station thermale. M. le docteur Rotureau, si compétent en hydrologie médicale, les recommande d'une façon toute spéciale pour la cure de ces sortes d'affections. L'appréciation de ce savant médecin nous dispense de tout commentaire

Outre les maladies que nous venons de citer, et qui sont plus spécialement du domaine thérapeutique de Bagnoles-de-l'Orne, il en existe un certain nombre qui y sont journellement traitées avec succès, telles que : les **névroses générales,** la **chorée ou danse de Saint-Guy,** la chlorose, les **phénomènes hystériques,** la **leucorrhée,** la **dysménorrhée, l'aménorrhée,** les **maladies de matrice,** l'**anémie,** la **cachexie paludéenne,** les **suites de couches,** les **convalescences de maladies graves,** en un mot, les affections qui réclament une médication reconstituante ou sédative. Les cures, dans ces cas divers, peuvent être attribuées à l'influence bienfaisante des milieux et des conditions hygiéniques, aux pratiques et aux procédés balnéothérapiques, autant qu'aux propriétés spéciales des eaux.

On n'a pas oublié cependant que l'Etablissement de Bagnoles possède aussi des sources **ferro-manganésiennes crénatées-arsenicales**, dont la spécialisation thérapeutique vis-à-vis des **états anémiques et de la chlorose** n'a pas besoin d'être démontrée.

Ces dernières eaux ne se prennent qu'en boisson et interviennent comme adjuvant ou comme complément aux applications balnéo-thérapiques chaque fois que l'indique l'état pathologique du malade.

En résumé, par leurs principes minéralisateurs et par l'action thérapeutique qui leur est propre, les eaux de Bagnoles-de-l'Orne conviennent :

1° **Aux dyspepsies, et en général aux maladies fonctionnelles de l'appareil digestif;**

2° **Aux maladies de la peau;**

Aux affections rhumatismales et goutteuses; aux paralysies; au lymphatisme et à la scrofule; à la pléthore abdominale, et particulièrement à la pléthore veineuse, suite de couches;

Aux engorgements des organes et viscères abdominaux;

3° **Aux maladies chirurgicales;**

Plaies par armes à feu, ulcères atoniques, caries osseuses;

4° **Aux névroses générales :** chorée, chlorose, hystérie, etc.;

Aux maladies de matrice : congestions utérines, dysménorrhée, leucorrhée, aménorrhée;

Aux convalescences de maladies-graves, à la cachexie paludéenne, à l'anémie.

Comme nous l'avons indiqué plus haut, les *Eaux de Bagnoles-de-l'Orne* peuvent être prises comme succédanées des eaux **chlorurées-sodiques simples** de **Nauheim, Kreuznach, Baden-Baden, Wiesbaden, Hombourg, Soden, Kissingen, Niéderbronn;** des **chlorurées-sodiques sulfureuses d'Aix-la-Chapelle, Borcette** et **Weibach,** et des eaux ferrugineuses de **Schwalback, Pyrmont, Bruckenou** et **Rippoldsau.**

Nous voudrions que tout Français sût bien qu'il n'est que volontairement, par engouement irréfléchi ou par mode, le tributaire des eaux thermales d'Allemagne; que la France ne le cède à aucun pays en richesses hydro-thermales, et que même elle possède en Savoie et dans le centre des eaux fort enviées, qui n'ont pas leurs analogues de l'autre côté du Rhin.

Le 25 mars 1872.

Dr JOUBERT, O. ✻

Médecin-Inspecteur.

OUVERTURE DE LA SAISON LE 15 MAI

Pour tous renseignements, s'adresser à M. le Directeur de l'Etablissement thermal à Bagnoles-de-l'Orne par la Ferté-Macé (Orne).

N. B. Les Cuisines, Tables d'hôte, Restaurants et Estaminets sont tenus par M. A. JEANNOT, propriétaire de l'hôtel du Grand Parc, à Hyères (Var).

www.ingramcontent.com/pod-product-compliance
Lightning Source LLC
Chambersburg PA
CBHW061621040426
42450CB00010B/2595